ÜBER

DIE ÄRZTLICHEN ATTESTE

BESTIMMT

ZUM GEBRAUCHE VOR BEHÖRDEN.

VORTRAG

GEHALTEN IN DEM VEREIN DER ÄRZTE DER BERLINER FRIEDRICHSTADT

VON

DR. A. OLDENDORFF.

(Abgedruckt aus B. Fränkel's „Deutscher Zeitschrift für praktische Medicin.“)

LEIPZIG,
VERLAG VON VEIT & COMP.
1877.

Druck von Metzger & Wittig in Leipzig.

Meine Herren!

Die ärztlichen Atteste verdienen in vielfacher Beziehung unsere volle Beachtung. In ihnen spiegelt sich einerseits der jeweilige Standpunkt unserer Wissenschaft wieder, andererseits lassen sie durch die Art der Abfassung den Bildungsgrad überhaupt sowie durch das grössere oder geringere Vertrauen, das sie geniessen, auch die sociale Lage des Standes erkennen. Ihre historische Bedeutung lässt die Forderung gerechtfertigt erscheinen, sie als Urkunden zweckentsprechend zu sammeln und aufzubewahren; das Bild, das sie von den gegenwärtigen Verhältnissen unseres Standes zu geben geeignet sind, sichert ihnen bei den derzeit sich allerorten bemerkbar machenden socialen Bestrebungen der Aerzte eine eingehende Erörterung. Ich glaube daher, dass bei der Tendenz, die unser Verein verfolgt, dieser Gegenstand vielfach auf der Tagesordnung erscheinen wird. Für heute habe ich mir erlaubt nur eine in letzter Zeit in den Zeitschriften öfters beregte Tagesfrage herauszugreifen und Ihrer Berathung zu unterbreiten, nämlich, in wie weit sich bei Ausstellungen der zum Gebrauche vor Behörden bestimmten Atteste Unzuträglichkeiten, Schädigung des ärztlichen Ansehens, der ärztlichen Interessen gezeigt haben, und ob und welche Maassregeln sich empfehlen, diesen Missständen abzuhelfen.

Die erste Anregung zur Verhandlung dieses Gegenstandes hat ein dem vorjährigen Aerztevereinstag in Düsseldorf eingereichter Antrag des Rostocker Aerztevereins, betreffend eine Verordnung des General-Postamts, gegeben. Gestatten Sie mir, Ihnen zunächst diesen Antrag nebst Begründung vorzulesen:

„Abschnitt X, Abtheilung 2, § 159 der Allgemeinen Postdienst-Anweisung enthält unter 2 die Bestimmung, dass es zu Curen der

Postbeamten behufs Wiederherstellung der Gesundheit eines ärztlichen Zeugnisses bedarf. Am Schlusse dieser Bestimmung heisst es wörtlich:

„Gehört der das Zeugniss ausstellende Arzt nicht zur Classe der Staats-Medicinalbeamten oder der Vertrauensärzte der Postverwaltung, so muss das Zeugniss in Bezug auf seinen Inhalt von einem Staats-Medicinalbeamten unter Beidrückung seines Dienstsiegels, bez. von einem der Vertrauensärzte der Postverwaltung beglaubigt sein."

In dieser Verordnung der obersten Postbehörde erblickt der Rostocker Aerzteverein eine schwere Verletzung des ärztlichen Standes und hat daher in seiner Versammlung vom 10. Juni d. J. seinem Vorstand beauftragt, den Allgem. Deutschen Aerztevereinsbund auf diese Verordnung aufmerksam zu machen und denselben aufzufordern, beim Kais. General-Postamte die geeigneten Schritte zu thun, um eine Zurücknahme dieser Verordnung zu bewirken.

Indem der Vorstand sich dieses Auftrags entledigt, erklärt derselbe vorweg, dass auch wir eine Beglaubigung der ärztlichen Zeugnisse durch einen Staats-Medicinalbeamten in Bezug darauf, dass der Aussteller des Zeugnisses ein staatlich approbirter Arzt ist, für durchaus zweckmässig und nothwendig halten. Unsere Beschwerde richtet sich nur gegen die Bestimmung, dass das ärztliche Zeugniss in Bezug auf seinen Inhalt beglaubigt werden soll.

Die Gründe für unsere Beschwerde sind:

1. Die fragliche Verordnung verletzt in hohem Grade das Standes-Ehrgefühl der Aerzte, denn es spricht sich in ihr unverkennbar ein Misstrauen der obersten Postbehörde entweder zu der Gewissenhaftigkeit oder aber zu der wissenschaftlichen Befähigung aller derjenigen Aerzte aus, welche nicht zugleich Staats-Medicinalbeamte sind.

2. Dieselbe ist geeignet, die Achtung und das Vertrauen des Publicums zu seinen Aerzten zu erschüttern. Wenn eine Kaiserl. Behörde den Aerzten principmässig kein Vertrauen schenkt und darum deren Zeugnisse erst der Controle eines Staatsbeamten glaubt unterwerfen zu müssen, — wie soll da das Publicum Achtung vor und Vertrauen zu seinen Aerzten behalten?

3. Die Ausführung der Verordnung ist in allen denjenigen zahlreichen Fällen unmöglich, wo keine objectiv wahrnehmbaren Krankheitssymptome vorhanden sind, also z. B. in der Mehrzahl der Nervenkrankheiten, zeitweisen Functionsstörungen der Organe etc. In allen solchen Fällen kann nur der Hausarzt ein Zeugniss über das Vorhandensein der Leiden und die Nothwendigkeit einer Cur abgeben; eine Beglaubigung des Zeugnisses in Bezug auf den Inhalt ist aber vollkommen unausführbar.

4. Alle Aerzte, mögen sie Staats-Medicinalbeamte sein oder nicht,

sind in gleicher Weise dem §. 278 des Strafgesetzbuches des Deutschen Reiches:

> „Aerzte und andere approbirte Medicinalpersonen, welche ein unrichtiges Zeugniss über den Gesundheitszustand eines Menschen zum Gebrauche bei einer Behörde oder Versicherungsgesellschaft wider besseres Wissen ausstellen, werden mit Gefängniss von Einem Monate bis zu zwei Jahren bestraft"

unterworfen. Dass eine staatliche Behörde sich trotz dieses Gesetzes-Paragraphen noch nach weiteren Cautelen für die Glaubwürdigkeit der ihr eingereichten ärztlichen Zeugnisse umsehen würde, haben wir nicht für möglich gehalten.

Aus allen diesen Gründen beantragt der Rostocker Aerzteverein: Der Allgemeine Deutsche Aerztevereinsbund möge beim Kaiserl. General-Postamte die erforderlichen Schritte thun, um in Abschnitt X, Abth. 2, §. 159 unter 2 der Allgemeinen Postdienst-Anweisung eine Streichung der Worte: „in Bezug auf den Inhalt" herbeizuführen."[1])

Ueber diesen Antrag ging die Versammlung zur Tagesordnung über, indem sie seine weitere Behandlung dem nächsten Aerzte-Tage vorbehielt, und zwar, wie die einschlägige kurze Debatte ergiebt, vorzugsweise deshalb, um bei dem Mangel genügender Vorbereitung und Orientirung und bei der einer Wanderversammlung sehr kurz zugemessenen Zeit, in dieser principiell höchst wichtigen Angelegenheit die Gefahr der Ueberstürzung zu vermeiden. Im Allgemeinen wurde von den Rednern anerkannt, dass in dem Antrage ein guter Kern stecke, dass indessen aus den angedeuteten Gründen das Vorgehen in der betreffenden Angelegenheit vorerst den einzelnen Vereinen zu überlassen sei.

In der That ist diese Materie sehr heikler Natur. Die Erörterung hat die beiderseitigen Interessen, die der Verwaltung und die unseres Standes ins Auge zu fassen, zu untersuchen, ob dieselben in rechtlicher oder moralischer Beziehung verletzt werden, endlich auf Gruud genügend substantiirter Unterlagen die Maassregeln zur Beseitigung der etwa beiderseits sich bemerkbar machenden Missstände anzugeben; eine einseitige, lediglich die Interessen der einen Partei berücksichtigende Behandlung würde schwerlich

---

[1]) Cf. Aerztl. Vereinsblatt 1876. No. 51 pag. 132.

Erfolge zu erzielen im Stande sein. Uebrigens wird dieser Gegenstand, genügend vorbereitet, wieder auf der Tagesordnung des diesjährigen deutschen Aerztetages erscheinen und alsdann auch sicherlich eine befriedigende Erledigung erfahren. Mögen unsere heutigen Verhandlungen zur Klärung der einschlägigen Fragen beitragen! Bevor ich indessen auf dieselben näher eingehe, erübrigt noch, die bezüglich unseres Gegenstandes in letzter Zeit in der Presse bekannt gewordenen Thatsachen kurz zu erwähnen.

Auch auf socialem Gebiete scheint ein Gesetz der Duplicität der Fälle zu herrschen. Bald nach den Verhandlungen des Aerztetages erschien eine Verfügung der Ober-Postdirection zu Arnsberg, in der u. A. wörtlich ausgeführt wird: „Die Herren Amtsvorsteher haben sich nicht dabei zu beunruhigen, dass von einem Beamten zur Begründung seiner Dienstunfähigkeit ein ärztliches Attest vorgelegt wird. Es ist ja hinlänglich bekannt, wie leicht solche Atteste zu beschaffen sind.“[1])

Gegen diese Verfügung hat der Verein der Aerzte in Westphalen, dessen zeitiger Vorstand aus den Herren Geh. San.-Rath Dr. Hofmann, San.-Rath Dr. Moosbach und Med.-Rath Dr. Theopold besteht, in der Generalversammlung zu Hamm (den 10. October a. p.) entschieden Protest erhoben. Aus demselben will ich nur einen Passus hervorheben, der zur Klärung der thatsächlichen Verhältnisse mir von grosser Bedeutung zu sein scheint: „Gegenüber einem so unerhörten und ungerechtfertigten Auftreten einer Kaiserl. Behörde hält es der unterzeichnete Verein für seine unabweisliche Pflicht, zur Wahrung der Ehre des ärztlichen Standes entschieden Protest einzulegen gegen die Unterstellung, als ob thatsächlich unrichtige oder überhaupt dem Krankheitszustande nicht entsprechende Atteste von Aerzten auf andere Art leicht zu beschaffen seien, als durch absichtliche Täuschung derselben durch Angaben, der Unwahrheit objectiv nachzuweisen nicht in ihrer Macht steht.“

Ferner haben der Verein der Hagener Aerzte, sowie die Aerzte

---

1) Cf. Deutsche Med. Wochenschrift 1876. Nr. 37.

in Witten beschlossen, die Ausstellung ärztlicher Atteste für Postbeamte so lange zu verweigern, bis von der Ober-Postdirection eine Erklärung erlassen sein wird, welche den beleidigenden Inhalt ihrer Verfügung zurücknimmt.[1]) Dies ist denn auch in folgender Erklärung der Ober-Postdirection zu Arnsberg geschehen:

„Wer dem Gedankengange der Verfügung unbefangen folgt, der wird finden, dass nur zum Ausdruck gebracht worden ist, dass von pflichtvergessenen Beamten ärztliche Atteste leicht beschafft werden können. Darin liegt aber keine Beleidigung für die Herren Aerzte, welche es ja bei der grössten Gewissenhaftigkeit nicht zu verhindern vermögen, dass sie von solchen Beamten, welche Krankheit vorschützen, ohne wirklich krank zu sein, durch unwahre Angaben getäuscht werden. Bei Erlass der Verfügung hat es durchaus fern gelegen, den Herren Aerzten leichtfertiges Ausstellen von Krankheitsattesten zuzutrauen bez. zum Vorwurf zu machen. Im Gegentheil ist in der Voraussetzung, dass die Aerzte das Vorgehen der Post- und Telegraphenämter gegen pflichtvergessene Beamte unterstützen würden, den Amtsvorstehern empfohlen worden, durch Besprechungen mit den Aerzten möglichst den wahren Zustand der Erkrankten festzustellen.“[2])

Auf Grund dieser Erklärung haben die Wittener Aerzte ihren Beschluss zurückgenommen. Dagegen hat der Verein der Aerzte Dortmunds, dem jene Erklärung weder inhaltlich noch formell genügte, in seiner Sitzung vom 6. Nov. v. J. einstimmig beschlossen, den Beschluss, erkrankten Postbeamten keine ärztlichen Atteste auszustellen, aufrecht zu erhalten.

Ausserdem hat auch noch der Verein der Bremer Aerzte in der Sitzung vom 3. Nov. v. J. folgende Resolution gefasst: „Der ärztliche Verein ist der Ansicht, dass die Beleidigung, welche die bekannte Verfügung der Ober-Postdirection zu Arnsberg zunächst den Aerzten ihres Regierungsbezirks zugefügt hat, nicht diese allein, sondern den gesammten ärztlichen Stand trifft und von diesem eine Zurückweisung verlangt. Er schliesst sich daher der Erklärung der Generalversammlung der Aerzte in Westphalen an. Die oberste Postbehörde wird von diesem Beschlusse in Kenntniss

---

[1]) l. c. p. 502, 503 u. 565.

[2]) l. c. Nr. 45.

gesetzt.“ Mir ist nicht bekannt, m. H., ob die oberste Postbehörde bis jetzt sich über den einschlägigen Gegenstand geäussert habe.

Gestatten Sie mir einen Augenblick von der Behörde abzuschweifen. In der Delegirten-Versammlung der Genossenschaft Deutscher Bühnen-Angehöriger im December v. J. erstattete Prof. Dr. Heym in Leipzig, eine in der Versicherungsmathematik allgemein anerkannte Autorität, ein Gutachten ab bezüglich der Gründung einer Pensionsanstalt für diese Genossenschaft. Bei dieser Gelegenheit empfahl er, um zu vermeiden, dass die Pensionsberechtigung nicht fälschlicherweise beansprucht werde, dieselbe durch Vertrauenspersonen, in Form eines Schwurgerichts feststellen zu lassen und begründete diesen Vorschlag folgendermaassen:

„Wenn Sie sich da blos auf das ärztliche Zeugniss verlassen wollen, dann werden Sie auf den Holzweg kommen. Ich will nicht sagen, dass der Stand der Aerzte so corrumpirt wäre, um ein solches Zeugniss fälschlicherweise auszustellen, aber ein Anderer ist so corrupt, um so zu simuliren, dass der Arzt es nicht erkennen kann“ und ferner „wollen Sie blos ein ärztliches Zeugniss beigebracht haben, so sage ich Ihnen, Sie mögen vorschreiben eins oder ein ganzes Dutzend, es ist immer möglich, solche ärztliche Zeugnisse zu bringen. Denn erstens giebt es unter den Aerzten auch corrupte Leute und zweitens können Sie sich gegen Simulirung nicht schützen.“[1])

Hiermit dürfte im Ganzen und Grossen das in letzter Zeit in der Presse über den einschlägigen Gegenstand Vorgebrachte erschöpft sein. Für unsere heutige Verhandlung, welche bezweckt, die einschlägigen Verhältnisse klarzulegen, dürfte sich folgende Fragestellung empfehlen:

1) Welche Anforderungen stellen unserer eigenen Erfahrung nach die Behörden und das Publicum an die Aerzte bezüglich der Ausfertigung der in Rede stehenden Atteste?

2) Haben sich bei Ausfertigung dieser Atteste für die betheiligten Parteien Unzuträglichkeiten herausgestellt, und welche? Welche rechtlichen und moralischen Gesichtspunkte kommen hierbei in Betracht?

---

[1]) Deutsche Versicher.-Ztg. 1867, p. 759.

3) Wie sind die Interessen aller hierbei betheiligten Parteien am besten zu wahren?

Bevor ich indessen auf diese Fragen näher eingehe, muss ich, wie dies bereits vom Collegen B. Fränkel auf dem Aerztetage geschehen, darauf hinweisen, dass dem Verfahren der Postbehörden ohne Zweifel die Circ.-Verfügung vom 20. Januar 1853 und die Min.-Verfügung vom 11. Februar 1856, beide vom Ministerium v. Raumer erlassen, zu Grunde liegen. Ich komme gleich des Weiteren auf diese Verfügungen zurück.

Zur Beantwortung der ersten Frage genügen die Erfahrungen eines Einzelnen nicht, es wird daher eine der wesentlichsten Aufgaben unserer heutigen Verhandlungen sein, aus der Summe der langjährigen und ausgedehnten Erfahrungen dieser angesehenen Versammlung das Thatsächliche festzustellen. Meiner eigenen bescheidenen Erfahrung nach treten vorzugsweise zwei Anforderungen in den Vordergrund: 1) bezüglich der Postbeamten, welche einen Urlaub nachsuchen, und 2) bezüglich der Personen, welche von ihrer Pflicht, als Geschworene zu fungiren, entbunden sein wollen. Der Postbeamte übergiebt uns das Ihnen hinlänglich bekannte Formular zur Ausfertigung und hat alsdann laut der in dem Antrage des Rostocker Aerztevereins angeführten Allgem. Postdienst-Anweisung den Inhalt des Attestes von dem sog. Postarzte bestätigen zu lassen. Ist ein Client durch seinen Gesundheitszustand verhindert, als Geschworener zu fungiren, so hat er, meines Wissens, ein Attest eines Medicinalbeamten beizubringen. Meistens verlangt der Client, sei es aus eigenem Antriebe, sei es auf Veranlassung des betreffenden Medicinalbeamten, der sich erst genügend orientiren will, von seinem Hausarzte ein Attest, dessen Inhalt alsdann von dem Medicinalbeamten entweder bestätigt wird, oder auf Grund dessen derselbe ein besonderes Attest ausfertigt. In beiden Fällen kommt dem Clienten das geringe Vertrauen, das die Atteste seines Hausarztes bei den Behörden geniessen, zum vollen Bewusstsein. Wir werden daher dem Rostocker Aerzteverein vollkommen beipflichten müssen, dass ein derartiges Verfahren wohl geeignet erscheint, das Ansehen des Standes zu schädigen. Dagegen scheinen bei Urlaubsgesuchen der Beamten anderer Ressorts die hausärztlichen Atteste häufig allein für ausreichend erachtet zu werden, desgl. bei Erkrankung der Beamten, incl. Postbeamten, sowie in den Fällen, in welchen Clienten durch Krankheit behindert sind, in den Terminen vor Gericht zu erscheinen; zieht sich die Krankheit in die Länge, so wird ab und zu ein beamteter Arzt beauftragt, den Gesundheitszustand des betreffenden Beamten festzustellen. In allen diesen Fällen scheinen die Behörden eine sog. milde Praxis walten zu lassen.

Bezüglich der Anforderungen, welche die Behörden betreffs Ausstellung derjenigen Atteste stellen, welche den Aufschub einer Freiheitsstrafe bezwecken, habe ich keine eigene Erfahrung. Laut Circ.-Verf. des Justiz-Ministers vom 3. Februar 1853 soll in diesen Fällen nur auf die Atteste der Medicinalbeamten Rücksicht genommen werden. Desgleichen kann ich über die Anforderungen der Militärbehörde aus eigener Erfahrung nichts berichten.

Dass namentlich die Postbehörde die einschlägigen Ministerialverfügungen rigorös zur Anwendung bringt, ist zweifelsohne durch die gerade in diesem Ressort sich zeigende überaus grosse Zahl von Urlaubsgesuchen und Krankheitsfällen veranlasst. Man kann indessen hierbei nicht den Gedanken unterdrücken, dass diese vielen Urlaubsgesuche wohl mehr durch den anstrengenden, die Kräfte leicht abnutzenden Postdienst, als durch irgend welche andere Momente hervorgerufen werden.

Bezüglich der Anforderungen, welche das Publicum an uns stellt, ist der einen, nämlich der Ausstellung von Attesten behufs Bescheinigung des Inhalts derselben durch einen Medicinalbeamten, bereits Erwähnung geschehen; ich will hier nur noch kurz an die Zumuthungen, falsche Zeugnisse auszustellen, sowie an die durch Simulationen veranlassten Täuschungen erinnern. Die ersteren Zumuthungen sind im Grossen und Ganzen, meiner Erfahrung nach, nicht häufig, und bedürfen hier keiner weiteren Erörterung; auf die Bedeutung der Simulationen, die eine eingehendere Behandlung verdient, komme ich noch zurück.

Ich hoffe, die heutige Verhandlung wird diese meine geringen Erfahrungen auf diesem Gebiete wesentlich ergänzen.

Ich komme nunmehr zu der Erörterung der zweiten Frage, der bei Ausfertigung der in Rede stehenden Atteste für beide Parteien zu Tage getretenen Missstände und der hierbei sich aufwerfenden Gesichtspunkte rechtlicher und moralischer Natur.

A priori ist vorauszusetzen, dass, wenn Behörden derartige Verordnungen, wie in Abschnitt X., Abthlg. 2, § 159 der Allg. Postdienstanweisung, erlassen, die ärztlichen Atteste ihren Wünschen und Zwecken factisch nicht entsprochen haben. Ueber diesen Gegenstand verbreiten sich die Verfügungen des Ministeriums von Raumer vom 20. Januar 1853 und vom 11. Februar 1856, welche wir nunmehr näher in's Auge fassen wollen.

Die Circular-Verfügung vom 20. Januar 1853 bezieht sich lediglich auf die Medicinalbeamten, und als solche sind hier laut einer von Lehnert erlassenen Ministerial-Verfügung vom 10. September 1858 die Kreisphysiker und die Kreiswundärzte zu verstehen, da nur diese vermöge ihres Amtes ärztliche Atteste auszustellen haben. Diese Circular-Verfügung beginnt folgendermaassen:[1])

„Mittelst Erlasses vom 9. Jan. v. J. habe ich die Königl. Regierungen und das Königl. Polizei-Präsidium hierselbst veranlasst, sich gutachtlich über Maassregeln zu äussern, durch welche eine grössere Zuverlässigkeit ärztlicher Atteste zu erzielen sein möchte.

Nach genauer Erwägung des Inhalts dieser, sowie der über denselben Gegenstand von dem Herrn Justizminister eingeforderten Berichte der Appellationsgerichte, des Kammergerichts und des Generalprocurators zu Cöln erachte ich im Einverständniss mit dem Herrn Justizminister für nothwendig, für die ärztlichen Atteste der Medicinalbeamten eine Form vorzuschreiben, durch welche der Aussteller einerseits genöthigt wird, sich über die thatsächlichen Unterlagen des abzugebenden sachverständigen Urtheils klar zu werden und letzteres mit Sorgfalt zu begründen, andererseits aber jedesmal an seine Amtspflicht und an seine Verantwortlichkeit für die Wahrheit und Zuverlässigkeit des Attestes erinnert wird.

---

[1]) Eulenberg, „Das Medicinalwesen in Preussen." 3. Auflage. Berlin 1874. p. 269.

Zu diesem Zwecke bestimme ich hierdurch, dass fortan die amtlichen Atteste und Gutachten der Medicinalbeamten jedesmal enthalten sollen:

1) die bestimmte Angabe der Veranlassung zur Ausstellung des Attestes, des Zweckes, zu welchem dasselbe gebraucht, und der Behörde, welcher es vorgelegt werden soll;

2) die etwaigen Angaben des Kranken oder der Angehörigen derselben über seinen Zustand;

3) bestimmt gesondert von den Angaben zu 2) die eigenen thatsächlichen Wahrnehmungen des Beamten über den Zustand des Kranken;

4) die aufgefundenen wirklichen Krankheitserscheinungen;

5) das thatsächlich und wissenschaftlich motivirte Urtheil über die Krankheit, über die Zulässigkeit eines Transports oder einer Haft oder über die sonst gestellten Fragen;

6) die diensteidliche Versicherung, dass die Mittheilungen des Kranken oder seiner Angehörigen (ad 2) richtig in das Attest aufgenommen sind, dass die eigenen Wahrnehmungen des Ausstellers (ad 3 und 4) überall der Wahrheit gemäss sind; und dass das Gutachten auf Grund der eigenen Wahrnehmungen des Ausstellers nach dessen bestem Wissen ausgegeben ist.“

Die Königl. Regierungen werden alsdann angewiesen, diese Vorschrift ihren sämmtlichen Medicinalbeamten bekannt zu machen, diese Bekanntmachung jährlich zu wiederholen und mit Strenge und Nachdruck darauf zu halten, dass der Vorschrift vollständig genügt werde; zu diesem Zwecke werden die Gerichte angewiesen, unvollständige oder bedenkenerregende Atteste den betreffenden Regierungen mitzutheilen.

M. H. Trotz der Ermüdung, die das viele Citiren hervorrufen muss, erlaube ich mir doch noch den Schluss dieser Verfügung, der gleichsam die Motive enthält, Ihnen in extenso vorzulesen, da derselbe für unsere heutige Verhandlung ein grosses Interesse beansprucht:

„Da über die Unzuverlässigkeit ärztlicher Atteste vorzugsweise in solchen Fällen geklagt worden, in denen es auf die ärztliche Prüfung der Statthaftigkeit der Vollstreckung einer Freiheitsstrafe oder einer Schuldhaft ankam und auch ich mehrfach wahrgenommen habe, dass in solchen Fällen die betreffenden Medicinalbeamten sich von einem unzulässigen Mitleid leiten lassen, oder sich auf den Standpunkt eines Hausarztes stellen, welcher seinem in Freiheit befindlichen Patienten die angemessenste Lebensordnung vorzuschreiben hat, so veranlasse ich die Königl. Regierung, bei dieser Gelegenheit die Medicinalbeamten in ihrem Bezirke vor dergleichen Missgriffen zu warnen. Nicht selten ist in solchen Fällen von dem Medicinalbeamten angenommen worden, dass schon die Wahrscheinlichkeit einer Verschlimmerung des Zustandes eines Arrestanten bei sofortiger Entziehung der Freiheit ein genügender Grund sei, die einstweilige Aussetzung der Strafvollstreckung oder der Schuldhaft als nothwendig zu bezeichnen. Dies ist eine ganz unrichtige Annahme. Eine Freiheitsstrafe wird fast in allen Fällen einen deprimirenden Eindruck auf die Gemüthsstimmung und, bei nicht besonders kräftiger und nicht vollkommen gesunder Körperbeschaffenheit, auch auf das leibliche Befinden des Bestraften ausüben, mithin schon vorhandene Krankheitszustände fast jedesmal verschlimmern. Deshalb kann aber die Vollstreckung einer Freiheitsstrafe oder einer Schuldhaft, während welcher es ohnehin dem Gefangenen an ärztlicher Fürsorge niemals fehlt, nicht ausgesetzt, resp. nicht für unstatthaft erklärt werden. Der Medicinalbeamte kann die Aussetzung etc. vielmehr nur beantragen, wenn er sich nach gewissenhafter Untersuchung des Zustandes eines zu Inhaftirenden für überzeugt hält, dass von der Haftvolltreckung eine nahe, bedeutende und nicht wieder gut zu machende Gefahr für Leben und Gesundheit des zur Haft zu Bringenden zu besorgen ist, und wenn er diese Ueberzeugung durch die von ihm selbst wahrgenommenen Krankheitserscheinungen und nach den Grundsätzen der Wissenschaft zu motiviren im Stande ist. Eine andere Auffassung der Aufgabe des Medicinalbeamten gefährdet den Ernst der Strafe und lähmt den Arm der Gerechtigkeit und ist daher nicht zu rechtfertigen. Dies ist den Medicinalbeamten zur Beherzigung dringend zu empfehlen."

In einer Circular-Verfügung vom 11. Febr. 1856[1]) wird hervorgehoben, dass die Circular-Verfügung vom 20. Januar 1853 sich praktisch bewährt, „insbesondere eine grössere Genauigkeit der gedachten Atteste und eine nicht unerhebliche Verminderung der Zahl der zum Gebrauche vor Gericht bestimmten Atteste überhaupt, sowie insbesondere der von nicht beamteten Aerzten ausgestellten" zur Folge gehabt, und dass dieselbe auch auf diejenigen Atteste der Medicinalbeamten Anwendung zu finden habe,

---

1) cf. Eulenberg, l. c. p. 210.

welche von ihnen in ihrer Eigenschaft als praktische Aerzte zum Gebrauche vor Gerichtsbehörden ausgestellt werden. Durch die von Herrn v. Mühler erlassene Ministerial-Verfügung vom 24. September 1870 wird diese Einrichtung endlich auch auf die neuen Landestheile ausgedehnt.

M. H. Diese Verordnungen bezwecken also im Wesentlichen, durch eine den Medicinalbeamten bestimmt vorgeschriebene Form eine grössere Zuverlässigkeit der Atteste zu erzielen und constatiren, dass diese Einrichtungen sich bewährt haben. Eine eingehende Kritik überlasse ich, da ich über eigene Erfahrungen nicht zu verfügen habe, den Herren Medicinalbeamten, ich beschränke mich bezüglich der vorgeschriebenen Form darauf hinzuweisen, dass pos. 3, weil die eigenen thatsächlichen Wahrnehmungen zur Feststellung des objectiven Thatbestandes gehören, wohl mit pos. 4 zusammenfällt, und dass pos. 6, falls dieselbe etwa aus juridischen Gründen nicht ganz entbehrlich sein sollte, doch wohl einer Vereinfachung bedürftig ist. In Betreff der Motive werde ich später Gelegenheit haben, einige Bemerkungen zu machen. Hier will ich nur kurz andeuten, dass durch die Forderung: „eine nicht wieder gut zu machende Gefahr“ vorauszubestimmen, der Leistungsfähigkeit der ärztlichen Prognose doch etwas zu viel zugemuthet wird.

Auf Atteste nicht beamteter Aerzte finden hingegen jene Verordnungen keine Anwendung.

M. H. Ich erlaube mir, in dieser Beziehung Ihre volle Aufmerksamkeit auf die Ministerial-Verfügung vom 11. Februar 1856, gleichfalls von H. v. Raumer erlassen, zu lenken. Dieselbe lautet:[1])

„Die Königliche Regierung befürwortet in dem Berichte vom . . . „ die in der Circular-Verfügung vom 20. Januar 1853 für die Atteste der Medicinalbeamten vorgeschriebenen Formen auf die zum Gebrauch vor Behörden, insbesondere vor Gerichts-Behörden bestimmten Atteste der nicht beamteten Aerzte auszudehnen. Aus der, der Königlichen Regierung zugegangenen Circular-Verfügung vom heutigen Tage wird dieselbe erfahren, dass ich auf diesen Vorschlag nicht eingegangen bin. Die dagegen obwaltenden Bedenken sind folgende:

Zunächst bedarf es einer solchen, das Publicum möglicher Weise

---

[1]) cf. Eulenberg, l. c. p. 351.

sehr belästigenden Maassregel nicht, da den Behörden freisteht, in allen Fällen das Attest eines Medicinalbeamten zu erfordern, in welcher sie, sei es wegen der Persönlichkeit des Ausstellers, sei es wegen des Widerspruchs des Attestes mit anderweit bekannten Thatsachen oder aus irgend einer anderen Veranlassung, die Richtigkeit des ärztlichen Attestes bezweifeln.

Sodann hat sich die Circular-Verfügung vom 20. Januar 1853 nach dem Urtheil der überwiegenden Mehrzahl der Königlichen Regierungen practisch bewährt, insbesondere eine grössere Genauigkeit der Atteste der Medicinalbeamten und eine wesentliche Verminderung der Zahl der zum Gebrauche vor Gericht bestimmten Atteste nicht beamteter Aerzte zur Folge gehabt. Dazu kommt, dass es nicht unbedenklich erscheint, die Atteste aller Aerzte blos deshalb, weil sie der durch die Verfügung vom 20. Januar 1853 vorgeschriebenen Form genügen, den Attesten der Medicinalbeamten hinsichtlich des öffentlichen Glaubens gleich zu stellen. Das könnte leicht zu einer Ueberschätzung der Form, zu einer Erhebung derselben über das Wesen eines Attestes führen. Ueberdies verdienen auch nicht alle Aerzte als solche das Vertrauen strenger Wahrheitsliebe und Gewissenhaftigkeit bei der Austellung von Attesten für ihre Patienten.

Dem Uebelstande, welcher hauptsächlich den Antrag der Generalisirung der Verfügung vom 20. Januar 1853 veranlasst zu haben scheint, dass nämlich in manchen Gegenden und unter gewissen Umständen es sehr schwierig, vielleicht unmöglich ist, das Attest eines Medicinalbeamten rechtzeitig herbeizuschaffen — scheint auf andere zweckmässigere Weise begegnet werden zu können. Es würden in solchen Gegenden resp. für solche Fälle, in denen die Beschaffung des Attestes eines Medicinalbeamten erheblichen Schwierigkeiten unterliegt, den betreffenden Gerichts-Behörden ein für allemal von der Königlichen Regierung einzelne Aerzte, welche sich des Rufes besonderer Zuverlässigkeit und Gewissenhaftigkeit erfreuen, als solche bezeichnet werden können, deren Atteste hinsichtlich des öffentlichen Glaubens denen der Medicinalbeamten gleichzustellen wären, und demnach vor den Gerichten auch zum Zwecke eines Aufschubes in der Vollstreckung der Freiheitsstrafen oder Schuldhaft, falls sie nach Maassgabe der Verfügung am 20. Januar 1853 aufgestellt worden, als genügend angenommen werden könnten. Die Gerichte würden dadurch der Nothwendigkeit überhoben, in dringenden Fällen das Attest jedes beliebigen Arztes zuzulassen, und die Königliche Regierung in den Stand gesetzt, auf die Zuverlässigkeit nicht beamteter Aerzte bei Ausstellung von Attesten indirect einzuwirken, indem namentlich die Aerzte auf dem Lande und in den kleinen Städten sich voraussichtlich bemühen würden, ihren Attesten den anzudeutenden Vorzug zu verschaffen. Den Gerichten bliebe überlassen, die bezeichneten Aerzte in den betreffenden Bezirken zur Kenntniss des Publicums zu bringen, was ohne Beeinträchtigung des Rufes der übrigen Aerzte sich in der Art dürfte bewerkstelligen lassen, dass jene als Substituten der Kreis-Medicinalbeamten für den angegebenen Zweck und für Nothfälle namhaft gemacht werden.

Die Königliche Regierung veranlasse ich, sich hierüber gutachtlich zu äussern und zugleich diejenigen Aerzte namhaft zu machen, welchen sie in der angegebenen Beziehung besonders Vertrauen schenken zu können glaubt."

M. H. Die Atteste nicht beamteter Aerzte geniessen also somit ein geringeres öffentliches Vertrauen, als die der Medicinalbeamten. Für letztere hat sich die in der Circular-Verfügung vom 20. Januar 1853 zum Zwecke grösserer Zuverlässigkeit vorgeschriebene feste Form practisch bewährt; für die andern Aerzte wird diese Form allein nicht als ausreichend erachtet. Von Vertrauen kann Angesichts dieser Verfügungen eigentlich überhaupt nicht mehr die Rede sein, man wird vielmehr sagen müssen, die Atteste der Medicinalbeamten erregen ein geringeres Misstrauen, als die der nicht beamteten Aerzte.

Erregt die Persönlichkeit Anstoss, wird die Richtigkeit des Attestes in Zweifel gezogen, so werden die Behörden darauf hingewiesen, dass sie das Attest eines Medicinalbeamten fordern können; fehlt es an Medicinalbeamten, so sollen die Regierungen bestimmte Aerzte namhaft machen, und die Gerichte die bezeichneten Aerzte als Substituten der Kreis-Medicinalbeamten zur Kenntniss des Publicums bringen. Dass dieses wirklich ohne Beeinträchtigung des Rufes der übrigen Aerzte sich bewerkstelligen lasse, darüber lässt sich mindestens streiten. Aber wer entscheidet denn über die Qualität der Persönlichkeiten, über den Werth und die Zuverlässigkeit der Atteste? und nach welchen Grundsätzen werden diese Entscheidungen getroffen? Hat sich dieses System der Substituten bewährt?

M. H. Ich bin nicht in der Lage, hierüber Auskunft ertheilen zu können, vielleicht können dies die hier anwesenden Herren Medicinalbeamten.

Derartigen Klagen über ungenügende Zuverlässigkeit ärztlicher Atteste begegnen wir, beiläufig bemerkt, auch auf anderen Gebieten. Ich will mir erlauben, Sie nur auf die Lebensversicherungsgesellschaften aufmerksam zu machen. Die vorhin erwähnte Aeusserung des Herrn Prof. Heym liefert hierfür eine Illustration.

Diesen öffentlichen Misstrauensvoten gegenüber könnte es den Anschein gewinnen, als ob der ärztliche Stand anderen Ständen gegenüber sich durch eine zu geringe Zuverlässigkeit unvortheilhaft hervorthue. Ist dies in Wirklichkeit der Fall?

Zunächst können und wollen wir auch nicht in Abrede stellen, dass, wie in allen Ständen, auch in dem unsrigen Individuen vorhanden sind, die demselben zur Unehre gereichen, dass sich derartige Individuen möglicherweise bereit finden lassen, mala fide unwahre Zeugnisse auszufertigen. Ich mache Sie in dieser Beziehung auf die von Casper in seinem Handbuch der gerichtlichen Medicin mitgetheilten Fälle[1]) aufmerksam.

Tardieu[2]) berichtet über folgenden Fall: Ein Agent einer englischen Lebensversicherungsgesellschaft in Südfrankreich tritt mit einem Hospitalarzte in Verbindung. Beide machen gemeinschaftliche Sache derart, dass durch ihre Vermittelung die Todescandidaten des Hospitals in die englische Gesellschaft aufgenommen werden. Die nach dem Tode der auf diese Weise Versicherten ausgezahlten Versicherungsummen nehmen diese Biedermänner in Empfang, bis endlich die Lebensversicherungsgesellschaft, durch die überaus grosse und schnelle Sterblichkeit in diesem Versicherungsgebiete stutzig gemacht, einen geheimen Agenten ausschickt, der den ganzen Schwindel schliesslich zu Tage fördert. Der betreffende Hospitalarzt entzog sich durch Selbstmord der gerichtlichen Bestrafung.

Herr Varrentrapp[3]) erzählt gelegentlich der Verhandlung des vorjährigen Aerztetages über die Petition des Rostocker Aerzte-

---

[1]) cf. u. A. 4. Aufl. p. 59.

[2]) Annales d'hygiène publique. 1866.

[3]) Aerztl. Vereinsblatt l. c. p. 133.

vereins folgenden Fall: „Was sagen Sie dazu, wenn ein Arzt im Laufe von einem halben Jahre zweimal bescheinigt, dass ein Mensch zum Dienste ganz absolut unfähig sei und auf eine längere Reise geschickt werden müsse zur Cur: und acht Wochen nachher erklärt er einer Versicherungsgesellschaft, der Mann sei durchaus radical gesund. Im nächsten Jahre starb der Mann. Das ist dann die Folge, wenn die Aerzte selbst so wenig gewissenhaft sind."

Aber, meine Herren, darf denn für das Vergehen Einzelner ein ganzer Stand verantwortlich gemacht werden?

Die letzte Zeit hat in vielen, selbst den höchsten Ständen unlautere Individuen zu Tage gefördert, durch ihre Stellung Bevorzugte haben sich durch ihre Gründungsroutine hervorgethan: Ist es Jemandem eingefallen, die einzelnen Stände hierfür verantwortlich zu machen? Warum soll es denn in unserm Stande, der mit erschwerten Erwerbsverhältnissen zu kämpfen hat, um mit Herrn Prof. Heym zu sprechen, nicht auch corrupte Leute geben? Wenn das nicht der Fall wäre, so wäre dies in der That eine statistische Merkwürdigkeit! Wer hat aber die Zahl der räudigen Schafe unseres Standes gezählt? wer die Unzuverlässigkeit desselben gemessen? Giebt etwa die Criminalpolizei, liefern die Gerichte hierzu geeignete Unterlagen?

Dass der ärztliche Stand sich durch eine seltene Selbstverleugnung, durch grosse Pflichttreue auszeichne, ist noch von Niemandem geleugnet worden. Wir dürfen auch trotz mangelnder Statistik die Zahl der Unlauteren unseres Standes andern Ständen gegenüber dreist gering schätzen, denn keine Berufsthätigkeit erfordert ein grösseres öffentliches Vertrauen, als gerade die Ausübung der ärztlichen Praxis!

Insoweit also jene Misstrauensvota darauf hinauslaufen, das Vertrauen gegen die Lauterkeit des ärztlichen Standes zu erschüttern, das Ansehen desselben zu schädigen, müssen wir gegen dieselben entschieden Verwahrung einlegen! Hiermit soll aber keineswegs gesagt sein, dass die Klagen über eine relativ geringe Zuverlässigkeit ärztlicher Atteste unbegründet seien. Die Ursachen derselben glauben wir aber in anderen Momenten, als in einer zu geringen Lauterkeit der Aerzte suchen zu müssen; nämlich 1) in der Stellung der Hausärzte ihren Patienten gegenüber, 2) in der Ueberbürdung der Aerzte mit Berufsgeschäften, so wie 3) in den unserem Wissen und Können gesteckten Grenzen.

Den ersten Factor will ich heute nur kurz berühren. Dieser Gegenstand, die rechtlichen und moralischen Beziehungen zwischen Hausarzt und seinen Clienten ist so wichtiger Natur, dass es zweckmässig erscheint, demselben einen besonderen vollen socialen Abend zu schenken. Ich beschränke mich hier nur darauf hinzuweisen, dass die Circular-Verfügungen selbst auf diese Beziehung als Ursache der geringeren Zuverlässigkeit der ärztlichen Atteste anspielen. Denn nicht anders glaube ich die Ausführungen in der Circular-Verfügung vom 20. Januar 1853: „dass in solchen Fällen die betreffenden Medicinal-Beamten sich von einem unzulässigen Mitleid leiten lassen, oder sich auf den Standpunkt eines Hausarztes stellen, welcher seinem in Freiheit befindlichen Patienten die angemessenste Lebensordnung vorzuschreiben hat", sowie der Ministerial-Verfügung vom 11. Februar 1856: „Ueberdies verdienen auch nicht alle Aerzte als solche das Vertrauen strenger Wahrheitsliebe und Gewissenhaftigkeit bei der Ausstellung von Attesten für ihre Patienten" auffassen zu sollen. Diese Beziehungen zwischen Hausarzt und Clienten, die Anschauungen, die hierbei sich geltend machen, sind im hohen Grade geeignet, überhaupt ein Bild von der gegenwärtigen socialen Lage des Standes zu entwerfen. Im Allgemeinen ist eine zu grosse Rücksichtsnahme auf der einen, eine zu geringe auf der andern Seite vorhanden. Auf der einen Seite zeigt sich in diesem Verhältniss eine Art „Hangen und Bangen", ein Streben, den Anforderungen und den Interessen des Partners in der nur denkbarsten Weise bis zum Aeussersten zu entsprechen, die Discretion auf das Peinlichste zu wahren, keinen Anstoss zu Zerwürfnissen zu geben, auf der andern Seite hingegen die Neigung, diese Eigenthümlichkeiten des Partners nach Kräften auszunutzen und Anforderungen zu stellen, die sich bisweilen zu Zumuthungen steigern, welche die Grenze des Erlaubten überschreiten. Zweifelsohne ist diese Stellung durch die z. Z. wenig günstigen materiellen Verhältnisse des ärztlichen Standes zum Theil hervorgerufen; eine Besserung derselben, ein auf Grundlage straffer Organisation beruhendes gemeinsames Handeln wird auch dieses Verhältniss zu Gunsten des Ansehens des ärztlichen Standes verändern. Mag der Staat seinerseits diese Bestrebungen unterstützen und es aufgeben, unsere Berufsthätigkeit taxiren zu wollen!

Mit den materiellen Verhältnissen steht auch der zweite, auf die Ausfertigung der ärztlichen Atteste influirende Factor, nämlich die Ueberbürdung mit Berufsgeschäften in Verbindung. Mehr oder weniger ist der heutige Arzt gezwungen, sich mit Berufsgeschäften zu überlasten, und solchergestalt kann es dann nicht Wunder nehmen, dass trotz grösster Gewissenhaftigkeit bei Ausfertigung von Attesten die Form verletzt wird, dass die Atteste den Eindruck einer grossen Flüchtigkeit und dem Fernstehenden den einer zu geringen Zuverlässigkeit machen. Wie denn auch die Circular-Verfügung vom 20. Januar 1853 vorzugsweise bezweckt, wenigstens in Betreff der Atteste der Medicinal-Beamten eine genügende Form zu erzielen. M. H. Wenn z. B. von Collegen, deren Zuverlässigkeit anzuzweifeln kein Grund vorliegt, der Gesundheitszustand eines Versicherungscandidaten etwa in der Weise geschildert wird: N. N. „mir nicht bekannt", „ziemlich kräftig gebaut", „blass", „bisweilen Herzklopfen" etc. etc. und der betreffende College schliesslich den Candidaten für vollkommen geeignet zur Aufnahme in die Lebensversicherung erklärt, so wird er doch nicht erwarten wollen, mag sein Urtheil auch vollkommen zutreffend sein, dass auf Grund eines solchen Berichts die Aufnehmbarkeit des betreffenden Candidaten beurtheilt werde.

Was wir in dieser Beziehung zu erstreben haben, ist, die Honorarverhältnisse derart zu gestalten, dass es dem Praktiker möglich gemacht wird, seine Arbeitslast zu Gunsten einer grösseren Präcision in seiner Berufsthätigkeit zu vermindern.

Das wichtigste Moment bei Beurtheilung der Ursachen der relativ geringen Zuverlässigkeit ärztlicher Atteste ist endlich die unserem Wissen gesteckte Grenze.

M. H. Gestatten Sie mir in dieser Beziehung, Ihnen einige

Ausführungen vorzutragen, die ich früher zur Widerlegung unberechtigter Angriffe gegen die Vertrauensärzte der Lebensversicherungsgesellschaften publicirt habe:[1])

„Zunächst müssen wir hervorheben, dass man sich klar zu machen hat, was man eigentlich von der Untersuchung eines tüchtigen und gewissenhaften Agenturarztes zu erwarten berechtigt und welcher Werth seinem Atteste beizulegen ist.

In der Mehrzahl der Fälle ist der Aspirant dem Agenturarzt nicht näher bekannt, der letztere hat also auf Grund einer meist einmaligen Untersuchung sein Votum abzugeben. Aber selbst der tüchtigste, mit den physikalischen Untersuchungsmethoden vertrauteste und zuverlässigste Arzt wird in nicht seltenen Fällen, falls der Aspirant täuschen will und wahrheitswidrige Angaben macht, auch wirklich getäuscht werden und somit ein unrichtiges Votum abgeben, da ja viele **Krankheitszustände oder Krankheitsanlagen** sich durch eine einmalige objective **Untersuchung schlechterdings nicht** diagnosticiren lassen.

Stirbt nun nach verhältnissmässig kurzer Zeit der Versicherte in Folge einer derartigen, bei der Aufnahme nicht eruirten Krankheit, so wird man in der Mehrzahl der Fälle den Agenturarzt für die falsche Diagnose nicht verantwortlich machen dürfen. Diese Verantwortlichkeit trifft vielmehr in viel höherem Maasse die Verwaltung, der noch anderweitige Hilfsmittel zu Gebote stehen, um derartige Täuschungen aufzudecken und Irrthümer zu vermeiden.

So schätzenswerth ein von einem tüchtigen und zuverlässigen Agenturarzt ausgefertigtes Attest auch ist, so darf doch, wie aus dem eben Gesagten ersichtlich ist, die Direction nach diesem Atteste allein in der Mehrzahl der Fälle das Risiko nicht abschätzen.“ —

„Erst das agenturärztliche Attest in Verbindung mit dem hausärztlichen gestatten ein einigermaassen sicheres Urtheil über das Risiko.“

M. H. Aehnliches greift Platz bei Ausfertigung der in Rede stehenden Atteste, nur dass es sich hier darum handelt, statt der Simulation eines guten Gesundheitszustandes, die einer Krankheit zu erkennen. Dieses wichtige Moment ist denn auch mit vollem Recht geltend gemacht in der Petition des Rostocker Aerztevereins, in der Expectoration des Herrn Prof. Heym, der Erklärung des

---

[1]) Stellung der Aerzte zu den Lebensversicherungs-Anstalten. Separatabdruck aus Eulenbergs Vierteljahrschrift. Hirschwald 1872 p. 13.

Aerztevereins in Westphalen und ist auch in der Entgegnung der Oberpostdirection zu Arnsberg vollkommen anerkannt. In diesem Moment wurzelt vielleicht die hauptsächlichste Ursache der geringen Zuverlässigkeit ärztlicher Atteste.

Diese kurzen Bemerkungen erschöpfen selbstverständlich diesen Gegenstand nicht; derselbe ist aber von solcher Wichtigkeit, dass er gleichfalls eine eingehende Erörterung an einem besondern Vereinsabend verdient. Uebrigens ist derselbe rein wissenschaftlicher Natur, und glaube ich bei dieser Gelegenheit darauf hinweisen zu sollen, wie zweckmässig es war, den frühern passus unserer Statuten, welcher wissenschaftliche Vorträge ausschloss, zu streichen. —

In Betreff der rechtlichen Seite wollen wir den Behörden nicht das Recht streitig machen, zur Abwehr der zu Tage getretenen Missstände sich ihre Vertrauenspersonen zu wählen und denselben eine bestimmte Form bei Ausstellung der Atteste vorzuschreiben. Angesichts des eben Erörterten ist aber die Frage berechtigt, ob sie hiermit auch ihren Zweck erreichen? Der Medicinalbeamte kennt meistens den Petenten nicht und befindet sich daher in der unangenehmen Lage, in den Fällen, in welchen seine objective Untersuchung ein negatives Resultat ergiebt, entweder getäuscht zu werden, oder dem Petenten Unrecht zu thun. In allen diesen Fällen werden daher, sollen die Atteste ihren Zweck erfüllen, die Behörden der Mitwirkung der Gesammtheit der Aerzte nicht entbehren können. Jetzt pflegen sich die Medicinalbeamten aus eigener Initiative derart zu helfen, dass, wie bereits bemerkt, sie zu ihrer Orientirung von dem Petenten fordern, ihnen ein hausärztliches Attest beizubringen. Einfacher hilft sich freilich die Postbehörde, indem sie in ihrer allgemeinen Dienstordnung vorschreibt, dass die ärztlichen Atteste in Bezug auf ihren Inhalt von einem beamteten Arzte beglaubigt werden müssen. Wir haben schon vorhin erwähnt, dass ein derartiges Verfahren, sich gegen die Unzuverlässigkeit ärztlicher Atteste zu schützen, nicht mit der dem ärztlichen Stande gebührenden Achtung vereinbar ist.

Die Behörden werden daher — und das ist die moralische Seite — einen andern Modus zur Erreichung ihrer Zwecke anzustreben haben; denn der Staat hat zweifelsohne ein sehr erhebliches Interesse, das Ansehen des ärztlichen Standes zu wahren. „Der Arzt übt in gebildeten Staaten einen sehr grossen Einfluss auf das körperliche und sittliche Wohl der Familien und dadurch auf die Kraft des Volkes aus", schrieb der greise Jüngken[1]) auf Grund seiner langjährigen Erfahrungen.

Uebrigens können wir die Verwunderung des Rostocker Aerztevereins, dass sich die Behörden trotz des § 278 des Strafgesetzbuches nach weiteren Cautelen für die Glaubwürdigkeit der ihnen eingereichten ärztlichen Zeugnisse umsehen, nicht theilen. Denn einerseits wurzeln die Ursachen der relativ geringen Brauchbarkeit, wie wir hervorgehoben, nicht in criminellem Boden, und andererseits ist auch dieser § kein wirksames Schutzmittel gegen beabsichtigten Betrug. Wer mit Bewusstsein sich herbeilässt, ein falsches Zeugniss ausstellen zu wollen, wird in der Mehrzahl der Fälle die Klippen dieses Paragraphen auch umschiffen können. Das Unzureichende macht sich hier in gleicher Weise bemerkbar wie bei denjenigen Strafbestimmungen, welche bezwecken, als Correctiv für die Gefahren der Freigebung der ärztlichen Praxis zu gelten. Bei der Eigenart unserer Wissenschaft hält es eben häufig schwer, den erforderlichen juristischen Nachweis zu führen. „Dicht bei einander wohnen die Gedanken, doch hart im Raume stossen sich die Sachen."

Ich komme nunmehr zu der dritten Frage: wie die Interessen der betheiligten Parteien am besten zu wahren seien.

M. H. Den nicht beamteten Aerzten bestimmte Vorschriften bezüglich der Ausfertigung der Atteste zu octroiren, ist nach Lage der Gesetzgebung gegenwärtig nicht mehr denkbar. Andererseits können wir den Vorschlag, die Zeugnisse zu versagen, nicht für opportun halten, da wir hierdurch unsere eigenen Interessen und

---

[1]) Promemoria, die medic. Studien, Prüfungen und die Stellung der Aerzte unter das neue Gewerbegesetz. Berlin 1872.

die unserer Clienten schädigen würden. Derartige Gewaltmaassregeln erscheinen mir überhaupt nicht erforderlich, da, wie bereits erwähnt, die Behörden der Mitwirkung der Gesammtheit der Aerzte bedürfen und berechtigte Forderungen derselben nicht abweisen werden. Es dürfte sich vielmehr empfehlen, eine gegenseitige Verständigung zu erzielen.

M. H. Ich erlaube mir, Ihnen die Grundlagen für eine derartige Vereinbarung kurz zu skizziren.

I. Den Aerzten würde obliegen:

1) die zum Gebrauch vor Behörden bestimmten ärztlichen Atteste möglichst correct abzufassen und zu diesem Zwecke die in der Circular-Verfügung vom 20. Januar 1853 für Medicinalbeamte vorgeschriebene Form im Ganzen und Grossen zur Richtschnur zu nehmen;
2) die vermeintlichen Interessen der Clienten, wie Wahrung der Discretion u. dergl. nur insoweit zu berücksichtigen, als dieselben mit der Feststellung des wahren Sachverhalts, der vollen Wahrheit vereinbar sind;
3) die Medicinalbeamten bei etwaigen Recherchen, welche Simulationen aufzudecken bezwecken, zu unterstützen;
4) die ihnen ev. von Behörden officiell zur Kenntniss gebrachten Fälle von grober Unzuverlässigkeit ihren Ehrengerichten zur Prüfung und Aburtheilung zu überweisen und das Resultat derselben den Behörden mitzutheilen.

Nach meinen bisherigen Ausführungen bedürfen pos. 1 und 2 keiner weiteren Erörterung.

Zu pos. 3 hat mir der folgende Passus in der Erklärung der Oberpostdirection zu Arnsberg Veranlassung gegeben: „Im Gegentheil ist in der Voraussetzung, dass die Aerzte das Vorgehen der Post- und Telegraphenämter gegen pflichtvergessene Beamte unterstützen würden, den Amtsvorstehern empfohlen worden, durch Besprechungen mit den Aerzten möglichst den wahren Zustand der Erkrankten festzustellen.“ Mir ist nicht erfindlich, in welcher Weise eine derartige Besprechung stattfinden soll. Man kann doch unmöglich voraussetzen, die Postbehörde erwarte, dass die Aerzte den

Vorgesetzten hinter dem Rücken ihrer Clienten über deren Verhältnisse Auskunft ertheilen sollen. Mit einer derartigen denunciatorischen Thätigkeit wird doch im Ernst Niemand die Aerzte belasten wollen! Dagegen glaube ich, dass wir in den einschlägigen Fällen den mit der Untersuchung beauftragten Medicinalbeamten die zur richtigen Beurtheilung des Falles etwa erforderliche Auskunft nicht verweigern dürfen, da es sich alsdann im Wesentlichen um einen Meinungsaustausch zwischen Collegen handeln würde.

Zu Punct 4 erlaube ich mir kurz zu bemerken, dass es gerathener erscheint, die Behörden überlassen die Ausmerzung ungeeigneter und unzuverlässiger Persönlichkeiten den Aerzten selbst; sie bedürfen alsdann nicht der sogen. schwarzen Bücher, durch welche sich Irrthümer bei Beurtheilung der Zuverlässigkeit doch nicht vermeiden lassen. Ueberdies würde, falls die Behörden mit den ärztlichen Vereinen Fühlung gewinnen, der Zweck, eine grössere Zuverlässigkeit ärztlicher Atteste zu erzielen, eher erreicht werden, als durch das in der Ministerial-Verfügung vom 11. Febr. 1856 empfohlene Verfahren, durch die Regierungen die vertrauenswürdigen, zu Substituten der Medicinalbeamten geeigneten Persönlichkeiten namhaft zu machen, ein Verfahren, bei dem die Schädigung des Rufes der übrigen Aerzte doch nicht gut zu umgehen sein möchte.

II. Dagegen dürften folgende Forderungen den Behörden zu unterbreiten sein:

1) die den Erwerb beeinträchtigenden Erlasse, also namentlich die Medicinaltaxe, zu beseitigen; die von ihnen von nicht beamteten Aerzten direct geforderten Atteste angemessen zu honoriren;

2) die Verfügungen, betreffend die Ausfertigung der ärztlichen Atteste einer Revision zu unterziehen, die das Ansehen und die Interessen des ärztlichen Standes verletzenden Bestimmungen derselben zu beseitigen, namentlich in denjenigen Fällen, in welchen sie neben dem Atteste eines nicht beamteten Arztes noch eines Attestes eines beamteten Arztes bedürfen, letzteres unabhängig und gesondert von dem ersteren zu extrahiren;

3) die Beurtheilung ärztlicher Atteste ausschliesslich Sach-

verständigen zu unterstellen und zu diesem Zwecke bei allen Behörden, die auf Grund ärztlicher Atteste Beschlüsse zu fassen haben, für eine genügende Anzahl von Medicinalbeamten Sorge zu tragen;

4) obsolete, unwissenschaftliche Fragestellungen, resp. Attestformulare, soweit solche noch von Behörden den Aerzten zur Beantwortung vorgelegt werden, zu beseitigen.

In Betreff des letzten Punctes lenke ich Ihre Aufmerksamkeit, m. H., auf den hinsichtlich der ärztlichen Atteste bei der Anmeldung des Beitritts zur allgemeinen Wittwen-Verpflegungsanstalt noch in Kraft stehenden § 9 des Reglements vom 28. Decbr. 1775.[1])

Die anderen Forderungen ergeben sich in Consequenz meiner vorherigen Ausführungen; nur bezüglich der sub 3 normirten möchte ich mir noch gestatten, Ihre Aufmerksamkeit auf einen in der Presse von Hrn. Dr. Rohden-Lippspringe[2]) berichteten Fall zu lenken:

Unser hochverehrtes Mitglied, Herr College Sachs, attestirt einem Postbeamten, dass derselbe seines phthisischen Zustandes wegen eines sechswöchentlichen Urlaubs zu einer Cur in Lippspringe und eines darauffolgenden achtwöchentlichen zu einem Aufenthalte in Friedrichsroda benöthigt sei. Der Physicus San.-R. Dr. Paasch bescheinigt die Nothwendigkeit dieses erbetenen Urlaubs. Hierauf verfügt das Kaiserl. Gen.-Post-Amt: „Dem Postsecretär J. hierselbst kann zum Gebrauch der ihm ärztlich verordneten Cur in Lippspringe und Friedrichsroda ein achtwöchentlicher Urlaub, welcher vorerst als ausreichend zu erachten ist, unter Uebernahme der Stellvertretungskosten auf die Postcasse ertheilt werden.“

Nach fünfwöchentlicher Cur findet Herr Dr. Rohden, dass der Kranke in seinem Befinden noch keine Garantieen für die Wiedererlangung einer dauernden Dienstfähigkeit bietet und bezeichnet deshalb im Einklang mit den früheren Attesten die Ver-

---

1) cf. Eulenberg, l. c. p. 351.
2) cf. D. M. W. l. c.

längerung des achtwöchentlichen Urlaubs um sechs Wochen als nothwendig.

Darauf erfolgt nachstehender Bescheid: „Die Kaiserl. Oberpostdirection hat bisher nicht die Ueberzeugung zu gewinnen vermocht, dass Sie zur Wiederherstellung Ihrer Gesundheit neben einem achtwöchentlichen Urlaube eines sechswöchentlichen Nachurlaubs unbedingt bedürfen. Ihrem Gesuche vom 14. d. M. ist Seitens der Oberpostdirection keine Folge gegeben worden. Sie werden daher angewiesen, nach Ablauf des Ihnen bewilligten achtwöchentlichen Urlaubs sich zum Diensteintritt hier zu melden.“

Nun, m. H., die Postbehörde ist hier über das Urtheil dreier hochangesehener Aerzte von unzweifelhafter Zuverlässigkeit einfach zur Tagesordnung übergegangen. Ist jener Bescheid auf Grund eines sachverständigen Gutachtens eines Medicinalbeamten erfolgt? Ich glaube, Sie werden mit mir annehmen, dass dies nicht der Fall sein kann, denn welcher College hätte den gut motivirten Gutachten dreier angesehener Aerzte gegenüber dieses rechtfertigen können. Hat aber die Postbehörde aus anderen, dienstlichen Veranlassungen es für inopportun gehalten, den erbetenen Urlaub zu bewilligen, so hätte sie dies in anderer Weise motiviren können, als durch Nichtachtung der ihr eingereichten ärztlichen Vota. M. H. Wir sind ja in unserer praktischen Thätigkeit hinlänglich gewohnt, über das Urtheil Unberufener und Urtheilsunfähiger über unsere Wissenschaft zur Tagesordnung überzugehen; von Seiten der Behörden dürfen wir indessen Uebergriffe auf unser Gebiet — auch in den Ministerial-Verfügungen, namentlich in der vom 20. Januar 1853 sind Anklänge hiervon bemerkbar — nicht ignoriren. Dem abzuhelfen bezweckt pos. 3.

M. H. Dass diese den Interessen beider Parteien dienenden Forderungen erst auf Grundlage einer allgemeinen, zweckentsprechenden Organisation der Aerzte sich verwirklichen lassen, bedarf keiner weiteren Erörterung. Sie stehen im Begriff, zunächst für Berlin eine derartige Organisation in's Leben zu rufen. Es ist nicht zu bezweifeln, dass Ihre Bemühungen von Erfolg gekrönt sein werden; mögen auch die Staatsbehörden diesen Bestrebungen einige Aufmerksamkeit schenken und denselben durch ihre Autorität Vorschub leisten. Denn der hier beregte Gegenstand illustrirt das hohe Interesse des Staates an dem Zustandekommen einer derartigen Organisation.

M. H. Obgleich ich über Gebühr Ihre Aufmerksamkeit in Anspruch genommen, habe ich mich doch darauf beschränken müssen, das Thatsächliche, und auch dieses nur theilweise, Ihnen vorzuführen, die einzelnen Gesichtspuncte, die bei dem in Rede stehenden Gegenstande in Betracht kommen, aber nur kurz anzudeuten.

Ich hoffe, Sie werden mir deswegen Indemnität ertheilen, da es ja hier mehr darauf ankommt, die Ansichten des Vereins, als die eines Einzelnen zum Ausdruck zu bringen. Obwohl die von mir befolgte Fragestellung eine rein schematische ist, dürfte es sich doch empfehlen, dieselbe als Grundlage für die Discussion festzuhalten.

Verlag von **Veit & Comp.** in Leipzig.

Centralblatt

für praktische

AUGENHEILKUNDE.

Herausgegeben von

Dr. J. Hirschberg,

Privatdocent der Augenheilkunde an der Universität Berlin.

Monatlich eine Nummer. Preis des Jahrganges 6 M.

Nachdem in den zwei Decennien von 1850 bis 1870 die Augenheilkunde — Dank den Arbeiten eines Helmholtz und Donders, eines v. Arlt und v. Graefe und so vieler anderer ausgezeichneten Fachgenossen — einen ungeahnten Aufschwung gewonnen, tritt jetzt allenthalben das Bestreben zu Tage, die Errungenschaften dieser Periode zu sammeln und zu sichten und dieselben nebst den weiteren Fortschritten, welche darauf gebaut werden, zum Allgemeingut des gesammten ärztlichen Standes zu machen. Diesem Bestreben soll das Centralblatt als Organ dienen: dem praktischen Arzt wie dem Ophthalmologen soll darin ein klares Bild des heutigen Zustandes der Augenheilkunde gezeichnet und jede Bereicherung des ophthalmiatrischen Wissens und Könnens sofort in kurzer, aber doch vollständiger und dabei einfacher Darstellung zugänglich gemacht werden.

Leipzig,
Druck von Metzger & Wittig.

www.ingramcontent.com/pod-product-compliance
Lightning Source LLC
LaVergne TN
LVHW092104300926
849161LV00002B/37
* 9 7 8 3 1 1 2 6 2 4 3 5 7 *